Sophie Bertrand

Presentación de una empresa y de su producto - Zésti: la píldora auto caliente

GRIN Publishing

Imprint:

Copyright © 2010 GRIN Verlag, Open Publishing GmbH
Print and binding: Books on Demand GmbH, Norderstedt Germany
ISBN: 978-3-656-12301-9

This book at GRIN:

http://www.grin.com/es/e-book/188232/presentacion-de-una-empresa-y-de-su-producto-zesti-la-pildora-auto-caliente

GRIN - Your knowledge has value

Since its foundation in 1998, GRIN has specialized in publishing academic texts by students, college teachers and other academics as e-book and printed book. The website www.grin.com is an ideal platform for presenting term papers, final papers, scientific essays, dissertations and specialist books.

Visit us on the internet:

http://www.grin.com/

http://www.facebook.com/grincom

http://www.twitter.com/grin_com

LESPA2601 – Séminaire d'insertion professionnelle en espagnol: trabajo: presentación de una empresa y de su producto: Zésti: la píldora auto caliente

I. Introducción: presentación del producto

[video]

¡Hola a todas y todos! Otra vez gracias para recibirnos aquí, estamos encantadas de participar en este concurso. Estamos aquí para presentaros nuestro producto "mágico" que nos permitió fundir una empresa organizada que funciona muy bien. Bueno, yo voy a presentaros nuestro producto: de donde nos viene nuestra idea, como la realizamos, las ventajas de nuestro producto, etc. Describiremos el producto, la economía de la empresa y su organización, así que las medidas de venta. Acabaremos con nuestras perspectivas futuras para la empresa. Entonces, la ubicación de nuestra empresa está en Bruselas y todavía no nos hemos extendidos fuera del país. Aquí está Lorena Deghirra, directora de la empresa y fuente de nuestro concepto. Sophie Bertrand es la adjunta de la directora y especialista en las financias. Y por fin, yo soy Carolina De Groot, también adjunta de la directora pero especialista en el sector del marketing.

En lo que concierne nuestro producto mismo, todavía no os lo hemos explicado. Se trata de una píldora que hace calentar todo el cuerpo cuando se la come. Contiene un líquido que va a derramarse en todo vuestro cuerpo y que va a recalentarlo para alrededor de quince minutos o dos horas, dependiendo del tipo de píldora que quiere comprar. En efecto, ofrecemos dos tipos de píldoras: una que hace efecto por una duración más corta y una que hace efecto por una duración más longa. Obviamente, os explicaremos como es posible un tan procedimiento. Puede parecer increíble pero con nuestra tecnología conseguimos a crear esta innovación y con algunas explicaciones vais a ver que no es tan imposible. Nuestra empresa existe desde 2008 pero empezamos a desarrollar nuestras investigaciones ya en 2006. Esperamos ganar este concurso porque tenemos muchas perspectivas futuras (que os explicaremos después). Antes de daros la explicación científica de nuestro producto, os voy a explicar como la idea me vino.

Para este nuevo producto revolucionario, hemos elegido el nombre *Zésti*, que viene del griego *Zélis*, que significa *calor*. ¡*Zésti* es un producto nuevo, innovador, fácil de utilización y que cambiará vuestra vida!

1

II.   Explicación scientífica de *Zésti*

Bueno, supongo que todos ya habéis entendido hablar de los platos auto calientes, ¿no? Son platos contenidos en un recipiente hecho de óxido de calcio y agua. Cuando estos dos elementos entren en contacto, provocan una reacción de calor después de algunos minutos y permiten comer un plato bien caliente. Nosotras fuimos en camping en 2005 y habíamos ese tipo de platos. A nosotras, nos parecía realmente increíble que algo frío se transforma en algo caliente tan rápido. Eso me dio la idea de una píldora "auto caliente", nosotras que tenemos tan frío de invierno. ¡Y es el caso de tantas personas! Podría ser tan genial tomar una píldora que nos calienta el cuerpo como si este era un plato. Me di: ¡Si podemos hacerlo con la comida porque no con humanos! Sin embargo, hay un problema: el óxido de calcio. ¿Sabéis lo que es? Cal viva. Lo que nos es realmente sano para el cuerpo. Es muy peligroso y no se puede tomar el riesgo de poner eso en una píldora. Tenía que pensar en otra cosa, es decir en el funcionamiento de nuestro cuerpo que a veces produce calor y a veces no. Quería entender los elementos necesarios para tener calor para poder crear nuestra píldora.

Entonces, todos producimos calor con nuestro metabolismo que consume substratos energéticos, el azúcar y la grasa de nuestra alimentación. Cuando nos quedamos inmóviles, esta producción de calor es menor de cuando hacemos ejercicios. La cuantidad de calor producida cuando no se hace nada depende de la composición corporal: personas musculosas liberan, incluso en descanso, más calor que personas menos musculosas. Por eso una actividad física regular y una alimentación equilibrada puede disminuir la sensación de frío porque acelera el metabolismo y por consiguiente, una cierta producción de calor. Todo eso es muy bien pero todos no tenemos el tiempo de tener una vida bien equilibrada así y la verdad es que cuando tenemos un invierno como el año pasado, lo que queremos es estar bien a casa y no correr alrededor del lago de Lovaina, ¿no? Lo que hicimos, sin entrar en los detalles de nuestra receta milagrosa, porque es bastante confidencial, es hacer una mezcla según ciertas proporciones de diversos productos que de manera independiente son factores de producción de calor en el cuerpo que no son nocivos. Por ejemplo, la circulación de la sangre es muy importante para tener calor entonces hemos conseguido a encontrar un medio para acelerar la circulación y que es la unión de dos moléculas. Hay también extractos de productos afrodisiacos, como anís o chocolate. De un lado, hay ingredientes que hacen subir el calor con seguridad y de otro lado tenemos estas dos moléculas que aumentan un poco la circulación del cuerpo. No os damos la receta completa por culpa de la concurrencia.

Es importante que sepáis que nuestra invención no tiene nada que ver con un juego, se ha realmente cambiado en algo indispensable para algunas personas que sufren realmente del frio, que tienen reumatismo por ejemplo. Por eso, la mutualidad está pensando en reembolsar una parte del precio para ciertas personas que lo necesitan.

Sin embargo, como con muchos productos en farmacia, hay algunos efectos secundarios para ciertas personas: sensación de fatiga, diarrea, vómito; pero que son a veces positivos como la excitación. ¡Otra vez lo digo, eso se pasa también con otros médicos! Yo por ejemplo cuando tomo "Motilium" para no vomitar, ¡lo hago! Qué ironía ¿no?

Además hay realmente ventajas con nuestro producto. Las personas que lo toman han menos fríos y no tienen que ir al médico para pequeñas cosas. De la misma manera que los médicos mismos están contentos no perder su tiempo con enfermedades que no son muy graves. Podría deciros que justamente es un punto negativo para ellos porque van a ganar menos dinero pero al contrario les gusta la idea de que van a tener más tiempo para las personas que realmente lo necesitan. Sabemos eso porque hemos trabajado con un equipo de algunos médicos cuando empezamos con el producto.

En lo que concierne la utilización del producto se lo toma en cualquier momento del día y hay dos tipos de píldora. Una que dura 15 minutos y otra dos horas. (Zésti® 15 = 15 minutos / Zésti® 120 = 2 horas). Os aconsejamos que toméis la píldora de 15 minutos cuando partís de vuestra casa para ir a la escuela o al trabajo y que toméis la píldora de dos horas cuando vais a pasearos o cuando vais a mercados de Navidad por ejemplo. ¡Es mejor no tomar más de cuatro píldoras por día!

III.   Perspectivas futuras

Claro que aunque estamos satisfechas de nuestra empresa, queremos extenderla y hacerla famosa para que toda la gente pueda disfrutar de nuestra píldora *Zésti*. Nuestro primer objetivo sería ubicarnos en el centro de los países del norte y del este de Europa donde el frío puede realmente ser insoportable. Vais a decir que mucha gente se acostumbró al clima pero no es una certidumbre y lo que nos parece interesante es ofrecer a la gente la posibilidad de ir de vacaciones a estos países que son a menudo espectaculares. Ya hemos un poco hablado de este proyecto con el ministerio de Sanidad de Rusia y parece encantado. Además sería una oportunidad para desarrollar el turismo del país.

Otra idea que tenemos es hacer píldoras con gustos diversos: fresa, plátano, coco, etc. No es difícil hacerlo pero no habíamos el tiempo para eso hasta ahora.

Por fin, nos gustaría crear paquetes originales para contener estas píldoras. No los simples que tenemos por el momento. Es un medio original para atraer a la gente. Además, los hombres que son más tímidos y que no gustan mostrar sus pequeñas debilidades, en este caso tener frío, podrán comprar estas píldoras sin que se sabe después que el paquete contiene píldoras.

¡Realmente os aconsejamos este producto, va a cambiar su vida, especialmente, vuestros inviernos!

IV. El lado económico de nuestra empresa

Debéis saber nosotros tres venimos de una clase social alta y aristocrática, somos rentistas. Hemos entonces investido todas tres un capital en la empresa para ponerla de pie.

En cuanto a la organización, ya lo hemos dicho, somos evidentemente las tres directoras de la empresa. Carolina se ocupa de todo lo que concierne el marketing y la publicidad mientras que Lorena se encarga de la empresa de manera general, ocupándose de su organización y de su buen funcionamiento, y que yo dirijo el sector económico y financiero, lo que voy a desarrollar ahora.

Beneficios	Año 1 - 2009	Año 2 - 2010	Año 3 - 2011	Año 4 - 2012	Año 5 - 2013
Precio de una píldora (en euros)	+ 3	+ 2	+ 2	+ 2	+ 2
Número de píldoras vendidas por año	+ 1 400 000	+ 2 400 000	+ 4 200 000	+ 6 000 000	+ 6 000 000
Volumen de negocios por año (en euros)	+ 4 200 000	+ 4 800 000	+ 8 400 000	+ 12 000 000	+ 12 000 000
Coste	**Año 1 - 2009**	**Año 2 - 2010**	**Año 3 - 2011**	**Año 4 - 2012**	**Año 5 - 2013**
Costes de producción por píldora (en euros)	1,4	1	1	1	1
Número de píldoras producidas por año	- 1 500 000	- 2 500 000	- 4 500 000	- 6 500 000	- 6 500 000
Marketing: publicidad por año (en euros)	- 50 000	- 40 000	- 30 000	- 30 000	- 30 000
Plantilla: salario (en euros)	- 1 800 000	- 1 800 000	- 1 800 000	- 1 800 000	- 2 700 000
Infraestructura	- 100 000	- 200 000	- 50 000	- 50 000	- 500 000
TOTAL	**+ 150 000**	**+ 260 000**	**+ 2 020 000**	**+ 3 620 000**	**+ 2 270 000**

Este tablero representa la situación financiera actual de nuestra empresa pero también las estadísticas para perspectivas futuras sobre cinco años. Como podéis verlo, el precio de una de nuestra píldora el año pasado era de 3 euros en los comercios. Este precio es un poco más caro en el primer año porque es un producto nuevo y sobre todo porque nuestra empresa necesitaba subsidios para poder, en un primer tiempo, cobrar en sus gastos y después para hacer beneficios y crecer. Luego, nuestro precio ha pasado a 2 euros por que sea un poco más barato y más accesible a todo tipo de gente.

El primer año vendimos 1 200 000 píldoras, sabiendo que podéis comprarlas solas o en botes de 10. Con nuestro programa de marketing principalmente a través del Internet en los primeros años, compuesto de publicidad y de promoción, hemos esperado un muy rápido incremento en los próximos años. En este caso, nuestro volumen de negocios del año pasado era de 4 200 000 euros. Este año ya es de 4 800 000 euros. Tiene que precisar que, debido a nuestra implantación y comercio mayor en Bélgica, la demanda y la venta de *Zésti* es lógicamente mucho más alta durante el invierno teniendo en cuenta el clima del país, existe sin embargo una demanda y una venta interesante a explorar en el verano.

Desgraciadamente, de esta facturación, se debe quitar los costes del producto. Primero, se debe quitar los costes de producción, a saber que elaborar una píldora nos cuesta ahora 1 euro a nuestra sociedad y que producimos 2 500 000 píldoras por año, lo que hace un coste de producción de 2 500 000 euros por año. Podéis ver que el coste de producción por píldora, dado que los medios de producción mejoran con los años ha disminuido. El coste de producción por píldora ha entonces pasado de 1,4 euros a 1 euro. Por otro lado, en cuanto a la demanda que, por supuesto, incrementa gracias a nuestra publicidad, el número de píldoras producidas aumenta. Conclusión: los costes de producción están y estarán en alza.

En lo que concierne el marketing, estamos actualmente gastando 40 000 euros por año en publicidad y promoción. Este montante era de 50 000 euros el año pasado. Era un montante grueso pero necesitábamos esa suma para emprender nuestro producto y hacer su promoción. Planificamos en diminuir un poco el montante actual el año próximo cuando tendremos un número suficiente de clientes fieles. No necesitáramos tan marketing y especialmente publicidad en aquel momento. Luego, llegaremos a una constante, porque a pesar de la seguridad de una clientela regular, no podemos continuar a diminuir el taso de marketing, un producto siempre necesita un mínimo de publicidad para atraer a más gente y tal vez tocar a un público más largo, no obstante su valor segura .

Necesitamos también deducir el salario de la plantilla. Empleamos ahora 100 empleados como oficinistas, buscadores o vendedores, lo que hace una suma de 1 800 000 euros a pagar por año. En tres años, esperemos engrandecer nuestra empresa gracias a nuestros beneficios entonces emplearemos 50 empleados más para abrir más tiendas especializadas e ir al extranjero.

Finalmente, debemos tomar en cuenta el coste de la infraestructura. Por infraestructura, quiero decir todo lo que concierne los edificios, las construcciones, los laboratorios, etc y el hecho de mueblar todo esto. Gastamos 100 000 euros el año pasado para tener un edificio central con un laboratorio. Vendemos así nuestros productos en supermercados y almacenes. Este año, gracias a 200 000 euros más, queremos expander *Zésti* en las farmacias. En tres años, dependiendo de nuestra expansión, intentaremos incrementar las ventas al extranjero. Entonces necesitáramos un mínimo de estructuras en otro país y por esto gastáramos 500 000 euros más. Planificamos gastar 50 000 euros en los dos años siguientes en hipótesis, para eventuales reparaciones y construcciones.

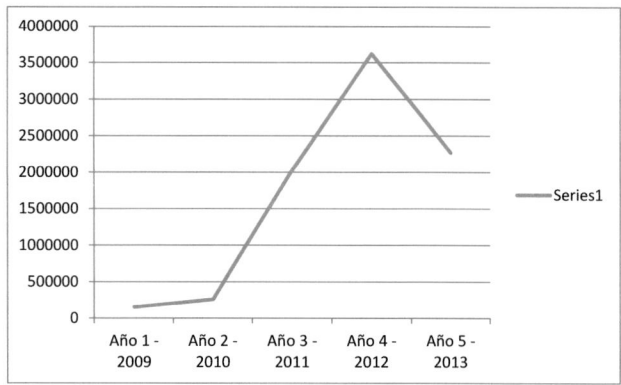

En total, podéis ver que nuestras estadísticas, representadas en este gráfico, muestran cifras muy positivas. Esperemos beneficios crecientes más y más rápidamente que nos permitiremos engrandecer y ampliar al extranjero para tres años.

V. Evaluación del producto

1. Preeliminaros

Antes de lanzar nuestro proyecto, hemos llevado un sondaje sobre 994 personas interrogadas (498 hombres y 496 mujeres) de todas edades. La pregunta era simple: ¿Sería una pílala que difusa la calor en el cuerpo útil?

Veis que el interés por el producto va aumentado con los años. Los adolescentes (14-18) son un poco más de tres veces más interesados que la generación de sus abuelos (60-70) o bisabuelos (70+).

Explicamos este fenómeno por el hecho de que los jóvenes son interesados en nuevas tecnologías mientras que a las personas más viejas que no las gusta el cambio. Podemos también explicar el interés importante de los jóvenes por su tendencia a hacer de la moda una prioridad hasta evitar cualquier ropa que les haría gordos (incluso una chaqueta). Este quizás refuerza nuestro primer juicio.

Volvemos a nuestro gráfico en una visión general. Es relevante precisar que 65% de las personas a favor de nuestro producto son mujeres. Quiere decir que la mayoría de los hombres no se sienten concernidos. Eso lo podemos también explicar por la casi obligación masculina de no ser falible y ser ayudado lo menos posible. Entonces, nuestros blancos son las personas que tienen menos de 50 años y sobre todos, las mujeres.

2. Testimonios de los consumidores

Después de este pequeño sondaje y de 5 años de investigación en los laboratorios de Glaxo & Smith Kline, 180 personas hubieron podido experimentar el producto *Zésti* 120 destinado a la comercialización.

Sin matizar, ¿qué tenemos en las grandes líneas?:

A 89% le parecía eficiente.

A 4% no le parecía eficiente por diversas razones: no era bastante largo, o no parecía funcionar nada.

Y un 7% tenía demasiado calor.

Al final, era un buen feedback.

3.   Aspecto medical

Todavía con nuestros 180 experimentadores, obtenemos estos resultados:

79,9 % se sentían realmente bien.
7,1 % se sentían cansados.
8,3 % se sentían excitados. (Eso es verdad sobre todo con las mujeres)
7 % no se sentían cómodos (por ejemplo, a causa del calor).
1,5 % tuvieron diarreas. (Pero nunca agudas.)
1,4 % vomitan.
0,5 % eran alérgicas a un de los componentes.
0,4 % presentaron reacciones cutáneas.

Estos resultados nos parecieron muy satisfechos dado que no notamos tantos efectos indeseables. Después de algunas experimentaciones, nuestros médicos constataron que nuestra píldora era desaconsejable para las personas que tienen una flor extremamente frágil, y que sólo podían soportar un *Zésti* 15 cada 40 horas.

Luego, descubrimos una buena noticia: la toma de *Zésti* se acompañaba generalmente de una bajada de los fríos (es decir, las enfermedades). Ahora, consideramos una especie de apoyo de las mutualidades dado que nuestro producto hace bajar una enfermedad. Es un proyecto en curso.

4.   Apariencia

La apariencia exterior determina la primera impresión recibida del consumidor. Debe ser cuidada para captar la atención y ganar terreno para la confianza. Es importante que el consumidor reconozca las cualidades del producto directamente.

- Nombre: *Zélis* quiere decir "calor" en griego. Escogimos esta lengua porque nos remite a una herencia comuna a la cultura occidental. Elegimos una palabra griega para añadir una connotación científica, y por extensión, seria a *Zésti*. También habríamos podido tomar un nombre latín pero la palabra *caloria* hacía demasiado pensar en las calorías y, entonces, la toma de peso. Al final, *Zélis* no pareció una buena elección.

- Logo: El logo presenta letras azules que simbolizan lo frío. La palabra es traspasada por una línea roja, signo de un calor transcendente que supera lo frío azul a pesar de su talla pequeña. La línea es proyectada hacia adelante, remitiéndonos a un sentimiento de continuación asegurada.

- Píldora: La píldora es de color naranja para guardar esta idea de calor. En primer lugar, habíamos pensado en un color azul, dominante en nuestro logo, pero estudios han demostrado que el consumidor asociaba las pastillas azules con algo fresco, frío, incluso a veces picante. Entonces, nos resultaba significativo acordar a nuestra píldora un color "caliente" y "suave."

- Caja: La caja se quiere sobre y blanca. No queremos proyectar una imagen ni de golosina ni de medicamento. Podemos decir que estamos un poco entre los dos, ¡como las vitaminas!

V. Medida de venta

1. Lugares

En primer lugar, nuestra *Zésti* sólo se podía encontrar en las farmacias (sin prescripción, por supuesto). Pero desde algunos meses es disponible en los supermercados. Nos resulta también interesante inclinarnos en las librerías. Pero otra vez, es un proyecto en curso.

2. Publicidad

Por supuesto, tenemos un sitio web a lo cual hacemos referencia a menudo. Los clientes pueden contactarnos por esta vía o por teléfono. Encontraron también información complementaria sobre nuestra página web.

Como Facebook se ha convertido en EL fenómeno de la red, *Zésti* está también presente allí. Esta mañana teníamos 256 000 fans: muestra el buen funcionamiento de este lugar estratégico.

También estamos presentes en algunas revistas, sobre el papel. Aquí podéis ver un ejemplo del tipo de publicidad que producimos. Este fue para una revista femenina. Nos concentramos en un lenguaje imagenido directo, que no da la impresión de leer una novela. También hacemos hincapié en la preocupación estética de la mujer. Las frases son en inglés porque ahora todo el mundo tiene una base en inglés y que es una lengua que aparece de moda en cuanto a la publicidad. Hace pensar en una especie de mensaje universal.

Tenemos también un anuncio video, pero no nos alcanzaba el dinero para difundirla en la televisión. Entonces, ahora sólo está disponible en la web. Os vamos a mostrar (otra vez) la versión española de este anuncio. [video] Es el único video que producimos pero como nuestro blanco privilegiado es la mujer, otra vez nos focalizamos primero en ella.

VI. Conclusión

Bien, gracias a todas y todos por su atención, esperando que seáis convencidos por nuestro producto original e innovador. Si estáis interesados, podéis contactarnos después de la presentación para probar muestras gratuitas. ¡Sabed que de todos modos, con nosotras, tenéis la certitud que vuestro dinero es en buenas manos! ¿Algunas preguntas?

Bibliografía

http://www.questionsur.ch/biologie/biologie-corps?start=31